AF297158

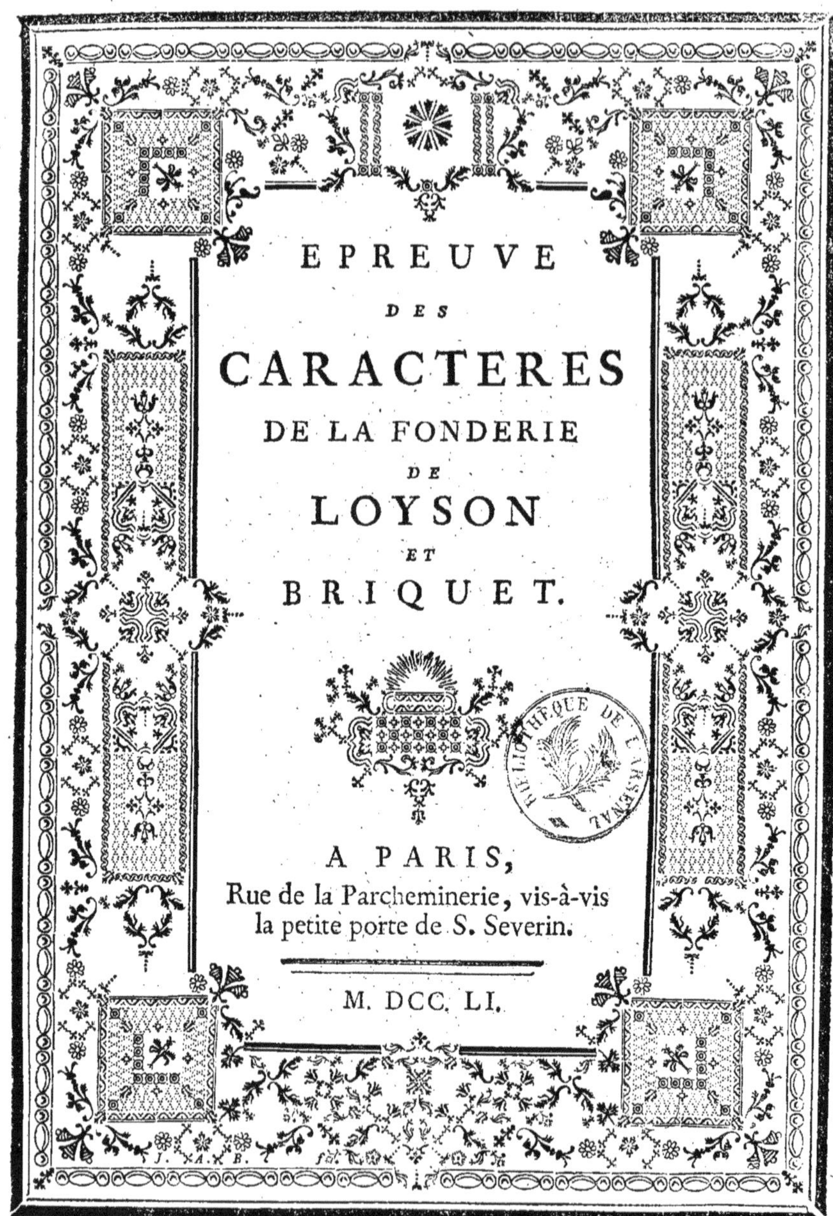

EPREUVE

DES

CARACTERES

DE LA FONDERIE

DE

LOYSON

ET

BRIQUET.

A PARIS,

Rue de la Parcheminerie, vis-à-vis
la petite porte de S. Severin.

M. DCC. LI.

Quelques-uns de nos Confreres ayant donné au Public des modeles ou épreuves des caracteres de leur Fonderie, nous avons cru qu'il étoit à propos de faire part aux Curieux, d'un Recueil de nos Caracteres, depuis la Nompareille Romaine & Italique, jufques & compris le Gros double Canon Romain & Italique, tous lefquels caracteres font affortis d'Italiques de nouveau goût que nous appellons arrondis.

Quoique notre Fonderie, dans fon principe, ait été achetée en Hollande par le fieur Briquet, pere de mon Affocié, dont j'ai époufé la veuve, il s'en falloit beaucoup qu'elle fut auffi complette & auffi affortie qu'elle l'eft aujourd'hui. Ce n'a été que par un travaille affidu, & en faifant ufage des excellentes leçons du fieur Legrand, qui gouvernoit la Fonderie de M. de Sanlecque, qu'après avoir dirigé moi-même pendant fix années une autre Fouderie, je me trouvai en état de mettre la nôtre fur le pied où elle eft aujourd'hui.

La Nompareille, La Mignonne & le Petit Texte, font gravés par le fieur Keblins. Le fieur Felix a gravé le Gros Canon, qui a fervi à imprimer le gros Pfeautier du nouveau Breviaire. Le fieur Desfrançois a gravé toutes nos nottes de plein-chant, depuis la plus petite, qui eft de deux points de Petit Romain, jufques à la plus groffe, qui eft de quatre points de Parangon. Les Nottes font rouge & noir, & tout noir, & ont imprimé les Livres de chant du nouveau Breviaire, excepté le Graduel.

Ces nottes ont été trouvés fi parfaites qu'elles ont fervi à prefque toutes les impreffions que l'on a faites depuis le nouveau Breviaire. On peut s'en affurer en voyant les Livres d'Eglifes de l'Ordre de Cîteau, imprimés par M. Mariette; le Breviaire & autres livre nottés pour Chaalons en Champagne, par M. Seneuze; ceux imprimés par M. Leroux à Strafbourg; par M. Ourfel à Rouen; par M. Jannot à Sens, les Livres de Bayeux, &c.

On aura la bonté d'obferver que la jufteffe & l'égalité de ces nottes diminuent la multiqlicité des Caffetins, l'*UT* d'en-haut faifant le *RE* d'en-bas; le *LA* faifant le *FA*; le *SOL* refte toujours *SOL*, &c.

Le Petit Romain gros œuil, Numero 10. la Philofophie, Numero 11.& le Cicero, Numero 12. paffent pour des chefs-d'œuvres de Garamon, d'Hollande. Le Cicero gros œuil, qui a imprimé le Breviaire in-quarto, dont l'édition a été fi-tôt enlevée, eft admiré des Connoiffeurs. Le Saint Auguftin, Numero 16. eft auffi du même Graveur. Le Cicero ordinaire, Numero 14 gravé par le fieur Defportes, Graveur du Roi, eft d'une telle profondeur, & d'une fi parfaite égalité d'œuil, que nous ne ceffons d'en faire des fontes pour un grand nombre d'Imprimeurs. Pour ce qui eft des

autres Caracteres qui ont été achettés en Hollande, il suffit de les voire pour juger de leur mérite.

A l'égard des Vignettes, il est facile de s'appercevoir qu'elles surpassset en nombre celles qui ont paru jusques à present, & dont nous avons copié les plus belles. Les autres sont de notre invention. Ces Vignettes ont un avantage qui se trouve rarement, c'est qu'elles sont toutes de la même hauteur, ce qui facilite beaucoup leurs combinaison, par le moyn desquelles on peut composer toutes sortes d'ornemens, comme Fleurons, Cartouches, Vignettes tant pour l'in-folio, l'in-quarto, l'in-octavo, que pour l'n-douze, l'in-dixhuit, &c. Nous sommes aussi en état de faire des Reglets & des Crochets de toute espece.

MM. les Imprimeurs qui voudront bien nous employer, auoront la bonté de nos envoyer des (mm) de leurs caracteres, pour fondre les nôtres de la même hauteur. Le grand nombre de Moules que nous possedons, & qui sont de la main de l'excent Artiste nommé ci-dessus (le sieur Desfrançois) nous rendant cette opération facile.

Je viens de remarquer que saint Paul dit, *Fuyez les profanes nouveautez de paroles*: il n'a pas dit les antiquitez, mais au contraire, il nous porte expressément à les suivre. S'il faut éviter la nouveauté, il est manifeste qu'il faut s'attacher à l'antiquité; & si la nouveauté, selon lui, est profane, il s'ensuit necessairement que l'antiquité est sacrée.

Et il ajoûte, *Fuyez tout ce qu'oppose une doctrine qui porte faussement le nom de science.* C'est bien en effet ce que les Heretiques enseignent, qui porte faussement le nom de science. C'est chez eux que l'ignorance passe pour sagesse, le mauvais tems pour de beaux jours, & les tenebres pour la lumiere.

Il poursuit, *Quelques-uns faisant profession de cette science se sont égarez de la foi.* De quelle science ont-ils fait profession? sinon d'une doctrine nouvelle & ignorée jusqu'ici. Ecoûtons avec quelle insolence quelques-uns d'entr'eux, osent parler aux Fideles.

Venez, disent-ils, o miserables que vous êtes & qui prenez vulgairement le nom de Catholiques; venez apprendre la veritable Foy de nous. C'est nous qui en sommes les seuls dépositaires; personne ne l'entend que nous. Elle a été cachée pendant plusieurs siécles; & par un privilege particulier, elle nous a été depuis peu revelée, mais il faut l'apprendre en cachette, en secret. Sans doute qu'elle vous donnera bien du plaisir; & quand vous l'aurez aprise secrettement, enseignez-la de même; de peur que le monde ne l'entende, & que l'Eglise ne vienne à s'en appercevoir; car la grace de connoître un si grand mystère est reservée à peu de personnes.

En verité ne sont-ce pas là les paroles de cette Courtisane? qui dans les proverbes de Salomon, apelle ceux qui passe leur chemin. *Que le plus sou d'entre vous*, dit-elle, *se détourne pour venir à moi*; & tache d'engager ainsi les plus insensez. *Prenez*, poursuit-elle, *avec toute iberté les pains qui sont cachez, & buvez à la dérobée l'eau que je vous presente.*

Qu'arrive-t'il ensuite, dit Salomon? ces passans ignorent comment les habitans de la terre perissent chez elle. Qui sont, je vous prie, ces habitans de la terre? Que saint Paul nous l'apprenne? *Ce sont ceux*, dit-il, *qui faisant profession d'une nouvelle science se sont égarez de la Foy.*

Mais il est bon d'expliquer avec grand soin ce passage de l'Apôtre. *O Thimotée!* dit-il, *gardez le depost qui vous a été confié; fuyant les profanes nouveautez de paroles.*

L'ASCENSION DE N. S. JESUS-CHRIST.

Le Mystère que l'Eglise honore dans cette Fête, des plus anciennes & des plus solemnelles de toute l'année, est un Mystère de triomphe & de gloire pour J. C. de consolation, de joie & d'espérance pour les Chrétiens. J. C. après avoir accompli sur la terre l'œuvre pour laquelle il avoit été envoyé, monte au ciel pour y jouir, à la droite de la Majesté de Dieu, de la gloire éternelle qu'il a méritée par ses humiliations & ses souffrances. Il y monte comme notre Roi, notre Sauveur & notre Libérateur, pour achever & couronner la victoire sur le monde, sur l'enfer & sur le péché: comme notre Chef, afin de prendre possession du Royaume du Ciel, non-seulement pour lui-même, mais encore pour nous qui sommes ses membres: comme notre Médiateur, pour nous présenter à son Pere, nous donner accès auprès de lui, & consommer notre réconciliation avec lui: enfin il y monte comme notre Souverain Pontife, pour porter dans le sanctuaire céleste le sang qu'il a répandu, & pour intercéder pour nous auprès de Dieu, en lui offrant jusqu'à la fin du monde le prix de notre salut.

Suivons donc par la foi Jesus-Christ montant au Ciel, & renonçant à toutes les affections terrestres, habitons-y dès à présent d'esprit & de cœur, comme l'Eglise le demande à Dieu dans la collecte du jour. Souvenons-nous que le ciel est notre patrie, que c'est notre héritage & notre royaume; & parmi les misères, les tentations & les combats de la vie presente, ne connoissons pas de plus solide consolation que l'espérance d'en sortir bientôt, d'être réuni à notre Chef adorable dans le séjour éternel de la paix, de la félicité & de la gloire.

Mais ne nous flattons pas d'avoir part au royaume de Jesus-Christ, sans qu'il nous en coûte rien. Il y a plusieurs demeures dans la maison de notre pere; mais il n'y a pas deux chemins pour y aller. Notre Chef n'y est arrivé que par la voie de l'humilité & des souffrances: c'est par-là que nous devons marcher en le suivant. Si la difficulté du chemin & la vûe de notre foiblesse nous effraye; rassurons-nous par la promesse que nous a faite notre Chef, qui est JESUS-CHRIST.

l'Italique de Petit-Texte sert pour cette Mignone.

MICHELANGE MERIGI,
dit communement
MICHELANGE DE CARAVAGE,

NE' dans un Bourg du Milanois appellé Caravage, s'eſt rendu très-célebre par une maniere extrêmement forte, vraie, & d'un grand effet, de laquelle il eſt Auteur. Il peignoit tout d'après nature dans une chambre où la lumiere venoit de fort haut. Comme il a exactement ſuivi ſes modeles, il en a imité les défauts comme les beautés, car il n'avoit point d'autre idée que l'effet du naturel préſent. Il diſoit que les Tableaux qui n'étoient pas faits d'après nature, n'étoient que de la guenille, & queles figures qu'iles compoſoient n'étoient que de la carte peinte.

Sa maniere qui étoit nouvelle fut ſuivie de beaucoup de Peintres de ſon tems, & entr'autres du Manfredé & du Valentin. On ne peut nier que cette maniere ne ſoit d'une vérité ſurprenante, & qu'elle n'ait beaucoup de pouvoir ſur les yeux les plus éclairés. Elle a preſque entraîné l'Ecole des Caraches, car ſans parler du Guierchin, qui ne l'a jamais abandonnée, le Guide & le Dominiquin ont été tentés de la ſuivre : mais le goût du deſſein qui s'y trouve attaché, & le choix de ſa lumiere, toujours le même dans toutes ſortes de ſujets, les en a dégoûtés. Ses Tableaux ſont diſperſés dans les Cabinets de l'Europe ; il y en a pluſieurs à Rome & à Naples : il y en a un aux Dominicains d'Anvers, que Rubens appelloit ſon Maître.

Le mépris avec lequel il parloit des ouvrages d'autrui, lui attira des querelles, & ſurtout avec Joſepin, dont il ſe mocquoit ouvertement. Un jour la diſpute s'échauffa tellement entr'eux, que Michelange, par un effet d'emportement, tira l'épée contre ſon Compétiteur, & il en coûta la vie à un jeune homme nommé Tomaſſin, qui tenant pour Joſepin, vouloit le ſéparer. Michelange après cette action fut contraint de chercher un azile chez le Marquis Juſtiniani, chez lequel il peignit l'incredulité de ſaint Thomas, & un Cupidon, qui ſont des morceaux admirables.

HUBERT & JEAN VAN-EYK,

FReres, natifs de Maſſeyk ſur la Meuſe, ont été les premiers qui dans les Païsbas aïent fait quelque choſe digne d'attention : Auſſi doit-on les regarder comme les Fondateurs de l'Ecole Flamande. Hubert étoit l'aîné, & Jean qui étoit ſon éleve, travailla avec tant d'aſſiduité, qu'il devint bientôt ſon égal. Ils avoient tous deux de l'eſprit & du génie. Ils travaillerent de concert & ſe rendirent fort célebres par leurs ouvrages. Ils peignirent pluſieurs ſujets pour Philippe le Bon Duc de Bourgogne. Le Tableau qu'ils firent pour l'Egliſe de Saint Jean de Gand, attira l'admiration du Public, & Philippe I. Roi d'Eſpagne n'en aïant pû obtenir l'original, en fit faire une copie qu'il emporta en Eſpagne. Le ſujet en eſt tiré de l'Apocalypſe, où les Viellards adorent l'Agneau. Ce Tableau eſt encore aujourd'hui regardé comme une merveille : il eſt fort frais, parceque l'on a eu ſoin de le conſerver ; il eſt couvert, & il ne ſe montre qu'aux jours de Fêtes, ou à la priere de quelque grand Seigneur.

Après la mort d'Hubert, qui arriva en 1426. Jean ſon frere ſe retira à Bruges, ce qui lui donna dans la ſuite le nom de Jean de Bruges. C'eſt lui, qui en cherchant des vernis pour donner plus de force à ſes ouvrages trouva que l'huile de lin mêlée avec des couleurs, faiſoit un aſſez grand effet, ſans qu'il fût beſoin même d'aucun vernis. C'eſt à lui que la Peinture eſt redevable de la perfection où elle eſt parvenue depuis par le moïen de cette nouvelle invention. Ainſi les ouvrages de Jean de Bruges aïant augmenté de beauté, ſe répandirent dans les Cabinets des Grands.

STella étoit un beau génie, facile dans ſes productions, propre à traiter toutes ſortes de ſujets : mais tourné du côté de l'enjoué, plûtôt que du grave & du terrible, noble dans ſes inventions, modéré dans ſes expreſſions, aiſé & naturel dans ſes attitudes, un peu froid dans ſes diſpoſitions, mais agréable partout.

Le long ſéjour que Stella fit en Italie lui donna un bon goût de deſſein ; ſon avidité pour apprendre, le rendit correct dans ſes contours ; & ſon aſſiduité au travail lui acquit une heureuſe facilité. Son coloris étoit un peu crû, ſes couleurs locales peu caractériſées, & ſes carnations de pratique, & un peu altérées de vermillon.  Cet Italique, de Petit Texte ordinaire, ſert pour la Mignone.

GAILLARDE, Numero V.

LE verbe étoit dès le commencement & le verbe étoit en Dieu, & le verbe étoit Dieu, & il étoit dès le commencement dans Dieu. Toutes choses ont été faites par lui , & rien n'a été fait sans lui. La vie étoit en lui, & la vie étoit la lumiere des hommes : cette lumiere luit dans les ténébres & les ténébres ne l'ont point comprise. Il y eut un homme appellé Jean, envoyé de Dieu : celui là vint être témoin , pour rendre témoignage de la lumiere pour que tous crûssent par son moyen. Mais quoi qu'il rendit témoignage de la lumiere, il n'étoit pas pourtant lui-même la lumiere. La lumiere véritable étoit celle qui éclaire tout homme venant en ce monde, il étoit dans le monde, & le monde a été fait par lui , & le monde ne la point connu. Il est venu dans son propre héritage, & les siens ne l'ont pas reçû : il a donné le pouvoir d'être fait enfans de Dieu à tous ceus qui l'ont reçû & qui ont crû en son nom, qui ne sont pas nez du sang, ni des désirs de la chair ni de la volonté de l'homme mais de Dieu même. Et le Verbe s'est fait chair, & il a habité parmi nous plein de grace & de vérité, & nous avons vû sa gloire qui est la gloire du Fils unique du Pere.

Cet Italique sert pour le Petit Texte Gros Œil.

Je vous salue très-Sainte Marie , comme la Reine du Ciel la Porte du Paradis, & la Princesse du monde. Vous êtes cette Vierge de merveilles , uniquement pure par excellence ; puisque vous avez été conçue sans peché originel. Vous avez conçu sans aucune tache Jesus-Christ le Sauveur du monde. Vous avez été véritablement pure avant votre enfantement, dans votre enfantement & après votre enfantement. Faites ô ma très-chere Dame, par vos saintes Prieres, que je vive purement , dévotement & saintement. Priez pour moi Jesus votre Fils bien-aimé , & recevez-moi après ma mort. Délivrez-moi de tous maux du corps & de l'ame ; & par vos puissans mérites , faites que j'en délivre les autres. Que j'exerce sans cesse ici bas les oeuvres de miséricorde & qu'éternellement je me réjoüisse avec vous dans la gloire du Paradis.

PETIT ROMAIN, Numero VI.

LE grand Maitre de Malthe étant informé que le grand seigneur faisoit équiper une puissante flotte , rappella le commandeur de Guimerans, qui partit avec les galeres de la religion le huitiéme d'Avril. Le calife de Carvan vint rendre visite au général & lui offrit toutes sortes de secours. Mais le Scheich lui refusa cette civilité, quoiqu'il n'en fût qu'à neuf milles, craignant qu'on ne l'arrêtât Le calife jura obéissance au Roi catholique sur l'Alcoran en présence de Monréal, secretaire du général, & promit de payer tous les ans six mille écus, quatre autruches & autant de gazelles & de faucons, pour le tribut. Tous les Maures qui l'accompagnoient firent un pareil serment. Le général ayant reçû avis du grand-maitre, que la flotte Ottomane étoit partie de l'Isle de Goze, composée de quatre-vingt-neuf gaelres, pour secourir Tripoli , & combattre l'armée chrétienne , fit embarquer promptement ses troupes & remit à la voile, laissant dans l'isle de Gelves le colonel Baraona avec deux mille hommes de pied, Italiens, Espagnols & Allemands. Le général de la flotte des Turcs qui avoit mouillé à seize milles de cette isle, détatha Kara Mustapha , bacha de Metelin, & un autre , pour aller reconnoitre l'armée chrétienne.

A vous seule , ô Mere de Dieu , est justement du ce beau titre de Vierge , puisque les couches de votre Fils bien-aimé ne vous l'ont jamais ravi. Il vous appartient par miracle , comme il appartient par nature à celles qui n'ont jamais enfanté. O Vierge concevant sans connoissance d'Homme ! Vierge chérie du Dieu des Hommes ; élevée sur toutes les Vierges, par le Verbe Vierge , & bien-aimée sur toutes les femmes par l'Esprit d'amour , comme créature de grace & exempt d'iniquité. Vous voyez du haut du Ciel , comme je suis errant & flottant sur la mer orageuse de ce monde : Vous m'y voyez, puisque vous y éclairez comme une brillante Etoile. Conduisez-moi au port du Salut, vous qui n'avez rien plus à coeur que mon Salut, & par vos puissantes intercessions , faites que je participe un jour à la plenitude de votre gloire.

AUTRE PETIT ROMAIN, Numero VII.

LE grand-maître de Malthe étant informé que le grand feigneur faifoit équiper une puiffante flotte, rappella le commandeur de Guimerans, qui partit avec les galeres de la religion le huitiéme d'Avril. Le calife de Carvan vint rendre vifite au général & lui offrit toutes fortes de fecours. Mais le Scheich lui refufa cette civilité, quoiqu'il n'en fût qu'à neuf milles, craignant qu'on ne l'arrétât. Le calife jura obéiffance au Roi catholique fur l'Alcoran en préfence de Monréal, fecretaire du général, & promit de païer tous les ans fix mille écus, quatre autruches & autant de gazelles & de faucons, pour le tribut. Tous les Maures qui l'accompagnoient firent un pareil ferment. Le général aiant reçû avis du grand maître que la flotte Ottomane étoit partie de l'Ifle de Goze, compofée de quatre-vingt-neuf galeres, pour fecourir Tripoli, & combattre l'armée chrétienne, fit embarquer promptement fes troupes & fe mit à la voile, laiffant dans l'ifle de Gelves le colonel Baraona avec deux mille hommes de pied, Italiens, Efpagnols & Allemands.

AUTRE PETIT ROMAIN Numero VIII.

DOMINIQUE ZAMPIERI,
DIT
LE DOMINIQUIN,

NÉ à Boulogne en 1581. d'une famille honnête, a été long-tems difciple des Caraches. Il avoit l'efprit tardif, mais excellent ; ce qu'il deffinoit pour fes études étoit fait avec tant de peine, & tant de circonfpe&tion que les autres difciples fes camarades le regardoient comme un homme qui perdoit fon tems ; ils difoient que fes ouvrages étoit labourés à la charrue, & ils l'appelloient le bœuf : mais Annibal qui connoiffoit fon caractere, leur dit que ce bœuf à force de labourer rendroit fon champ fi fertile qu'un jour il nourriroit la Peinture ; Prophétie fi véritable, que les Tableaux du Dominiquin font aujourd'hui une fource où il y a d'excellentes chofes à puifer, & que les ouvrages publics que ce favant Peintre a faits à Rome, à Naples & à Grotta Ferrata, font des témoignages éternels de fa grande capacité. Le Tableau de la Communion de faint Jerôme, qu'il fit à Rome pour l'Eglife de ce Saint plut tellement au Pouffin, que ce fameux Peintre comptoit la Transfiguration de Raphaël, la defcente de Croix de Daniel de Volterre, & le faint Jerôme du Dominiquin, pour les trois plus beaux.

REFLEXIONS.

JE ne fai que dire du génie du Dominiquin; je ne fai pas même s'il y avoit quelque chofe dans l'ame de ce Peintre qui méritât ce nom, ou fi la bonté de fon efprit & la folidité de fes réflexions lui ont tenu lieu de génie & lui ont fait produire des Ouvrages dignes de la pofterité. Car il avoit apporté en naiffant une humeur taciturne, & fort éloignée de cette activité que demande la Peinture. Les études de fa jeuneffe ont été obfcures, fes premiers travaux méprifés, fa perfeverance traitée de tems perdu, & fon filence de ftupidité. La feule opiniâtreté dans le travail, malgré les confeils & la rifée de fes camarades, lui amaffoit peu à peu en fecret un tréfor de fcience qui devoit être découvert en fon tems. Enfin fon efprit envelopé comme un Ver à foie dans fa coque, après avoir long-tems travaillé dans une efpece de folitude, fe fentant dévelopé des filets de l'ignorance, & échauffé par l'activité de fes penfées, prit l'effor & fe fit admirer de tout.

AUTRE PETIT ROMAIN Numero IX.

CEtte Sainte étoit sœur du grand Saint Benoît. Elle eut comme lui, le bonheur
de se consacrer à Dieu dès sa jeunesse. Il y a beaucoup d'apparence que le lieu
de sa retraite n'étoit pas éloigné du Mont Cassin, où saint Benoît demeuroit.
Elle visitoit son frere une fois tons les ans : & le Saint sortoit de son monastere
pour l'aller recevoir en un lieu qui étoit dans le voisinage & de la dépendance
de cette maison. Ces visites se passoient dans les louanges de Dieu, & dans des
entretiens spirituels. Scolastique étant venue un jour, selon sa coutume, Benoît
l'alla recevoir, accompagné de quelques-uns de ses Religieux. Après qu'ils eu-
rent passé tout le jour à chanter des Pseaumes, & à conférer des choses du ciel,
ils se mirent à table sur le soir pour prendre leur réfection. Après le repas,
Scolastique pria instamment son frere de demeurer cette nuit avec elle, afin
qu'ils puissent s'entretenir jusqu'au lendemain matin du bonheur de l'autre vie. S.
Benoît craignant de donner à ses disciples un exemple de relâchement, lui dit
qu'il ne pouvoit passer la nuit hors de son monastere.

PETIT ROMAIN GROS-ŒIL, Numero X.

NOus venons tout ravis de vos soins bienfaisans,
Vous payer nos tributs, vous offrir nos présens.
Mais que votre bonté, s'il lui plaît, daigne entendre,
Un sujet de frayeur qui nous a dû surprendre.
L'or qu'à vos Officiers nous avions présenté,
En partant de ces lieux, nous l'avons remporté.
Sans pouvoir découvrir d'où l'erreur est venuë;
Seigneur, pour réparer une faute inconnuë,
Nous venons à vos pieds offrir tous nos trésors,
Et tout ce que de rare on trouve sur nos bords.
Foibles dons, il est vrai; mais dans notre impuisance
Qui marquera jamais notre reconnoissance ?
Nous vous avons choisi ce que l'on offre aux Dieux,
Des parfums parmi nous estimez précieux ;
Et de l'arbre odorant tiré des larmes pures,
Infaillible remede aux sanglantes blessures
Utile à conserver le fil de ces beaux jours,
Qui ne devroient jamais finir leur noble cours.
C'est ce que par nos mains notre Pere vous donne.
Son espoir & le nôtre à vous seul s'abandonne ;
D'une juste frayeur nous étions agitez.
Mais nous reconnoissons vos augustes bontez,

*DEdier une Eglise, c'est la destiner par des cérémonies particulieres à être la maison
de Dieu, où les fidéles s'assemblent pour prier, pour écouter sa parole, pour chanter
ses louanges, pour célébrer les saints Mysteres, & pour recevoir les Sacremens.*

*On renouvelle tous les ans dans chaque Eglise la mémoire de sa Dédicace; & l'Ofice
de cette Fête solemnel. Asistons-y avec piété, & faisons attention qu'il y a un rapport
admirable entre les édifices matériels qui sont consacrés par l'Evêque, & l'édifice spiri-
tuel qui se construit chaque jour, & qui ne sera achevé qu'à la fin du monde. Cet édifice
sera composé de tous les Elus, qui, unis à J. C. leur chef, composeront un jour l'Eglise
triomphante, la Cité de Dieu.*

PHILOSOPHIE, Numero XI.

Rançois Primatice, né à Bologne de parens Nobles, qui lui voyant une forte inclination au Deffein, le laifferent aller à Mantoue, où il fut fix ans fous la difcpline de Jules Romain; il fe rendit fi habile en cet efpace de tems, que fur fes deffeins il faifoit des Batailles de Stuc en Bas-reliefs, & furpaffoit en cela & en Peinture les autres Eleves qui étoient à Mantoue.

Il travailloit ainfi à aider Jules Romain dans l'exécution de fes Deffeins, lorfque le Roi François Premier ayant fait demander en 1531. un jeune homme qui entendit bien les Ouvrages de Stuc, on lui envoya le Primatice. La confiance que le Roi avoit en l'habilité de ce Peintre, fit que Sa Majefté l'envoya à Rome en 1540. pour des Antiques. Il en rapporta cent vingt-quatre ftatues avec quantité de Buftes, & fit mouler par Jacque Baroches de Vignole la Colonne Trajane, & les Statues de Venus, de Laocon, de Commode, du Tibre, du Nil, de la Cléopatre de Belvedere.

☞ l'Italique de Petit-Romain gros-œil, fert pour la Philofophie.

CICERO, Numero XII.

Es Saints fouffrirent le martyre à Smyrne, ville d'Afie, dans la perfécution de l'Empereur Marc-Aurele, l'an cent foixante-fix. Germanique ayant été arrêté avec onze ou douze autres Chrétiens, par ordre de Statius Quadratus Gouverneur d'Afie, on les mena à Smyrne, ou réfidoit ce magiftrat. Voici ce que l'Eglife de Smyrne nous apprend de leur martyre dans la Lettre qu'elle écrivit aux autres Eglifes fur le martyre de faint Policarpe, qui fuivit de près celui des Saints dont nous parlons.

» Qui n'admirera, difent les fideles de Smyrne, le courage de ces Saints martyrs,
» leur patience, leur foi, leur amour pour Dieu? Ils ont été tellement déchirés à coups
» de fouets, qu'on leur voyoit les veines, les arteres & jufqu'aux entrailles. Au milieu
» de ces cruels tourmens ils demeuroient fermes; & tandis que les fpectateurs étoient
» attendris jufqu'à verfer des larmes, ces genereux foldats de J. C. ne jettoient pas le
» moindre cri, ni le moindre foupir. C'eft qu'ils n'étoient plus alors dans leurs corps;
» ou plutôt c'eft qu'ils étoient attentifs à la voix de J. C. qui étoit en eux, & qui parloit
» à leur cœur; & la joie de fa préfence leur faifoit méprifer tous les tourmens. Ils fe
» trouvoient heureux d'éviter des fupplices éternels.

JEAN D'AC,

ppellé ainfi, à caufe que fon pere étoit d'Aix-la-Chapelle; car pour lui, il étoit né à Cologne en 1556. Après avoir été quelque tems fous la difcipline de Spranger, il alla étudier fa profeffion dans les principales Villes d'Italie; dela il repaffa en Allemagne, où l'Empereur Rodolphe le prit en affection & le renvoya à Rome pour y deffiner les Antiques. Il ne faut pas s'étonner des foins où defcendoit ce Prince, pour avancer les ouvriers, en qui il voyoit du génie.

AUTRE CICERO, Numero XIII.

RAMBRAN VAN REIN.

LE furnom de Van Rein lui vient du lieu de fa naiffance qui eft un Village fitué fur le bras du Rhin qui paffe à Leyde; il étoit fils d'un Meûnier, & difciple d'un affez bon Peintre d'Amfterda appellé Lefman : mais il ne devoit la connoiffance qu'il a acquife dans fa profeffion qu'à la bonté de fon efprit & à fes reflections. Il ne faut néanmoins chercher dans fes ouvrages, ni la correction du deffein, ni le goût de l'antique. Il difoit lui-même, que fon but n'étoit que l'imitation de la nature vivante, ne faifant confifter cette nature que dans les chofes créées, telles qu'elles fe voient. Il avoit de vieilles armures, de vieux inftrumens, de vieux ajuftemens de tête, & quantité de vieilles étoffes ouvragées; & il difoit que c'étoient-là fes antiques. Il ne laiffoit pas, malgré fa maniere, d'être curieux de beaux deffeins d'Italie, dont il avoit un grand nombre auffi-bien que de belles Eftampes, dont il n'avoit pas profité, tant il eft vrai que l'éducation & l'habitude ont beaucoup de pouvoir fur nos efprits. Cependant il a fait quantité de Portraits, d'une force, d'une fuavité & d'une verité furprenantes.

AUTRE CICERO, Numero XIV.

Ce Cicero là eft celui qui a fait l'avis qui eft au commencement de ce Livre, c'eft ce qui fait que l'on n'en a point fait ici une épreuve, comme des autres Caracteres; l'on place feulement fon Numero, pour ne point interrompre l'ordre que l'on veut obferver dans cet Ouvrage, en faifant fuivre chaque corps, comme l'ufage le prefcrit.

CICERO GROS-ŒIL, Numero XV.

IL fçut gré à M. de Piles de fon travail, & revit avec foin fa traduction. La mort qui le furprit avant que M. de Piles eut achevé les remarques, lui déroba le plaifir de voir fes préceptes expliqués dans toute leur étendue avec une clarté & une intelligence merveilleufes.

Cet ouvrage qui eft le premier que M. de Piles ait compofé, n'a pourtant pas paru le premier. Car comme le manufcrit de M. de Piles étoit parmi les papiers de du Frefnoy, qui à fa mort furent mis entre les mains de M. Mignard, M. de Piles fut quelques années fans le ravoir. On ne peut pas foupçonner que cet habile Peintre eut peine à voir publier en François le fecret de fon Art. Il eft plus jufte de croire que M. Mignard avoit une fi haute idée du poëme Latin, que felon lui, nulle traduction ne pourroit lui faire honneur. Ce fut apparemment dans cette vûe qu'il fe contenta de le faire paroître en Latin; mais le peu de débit qu'eut l'ouvrage fit voir qu'il s'étoit trompé.

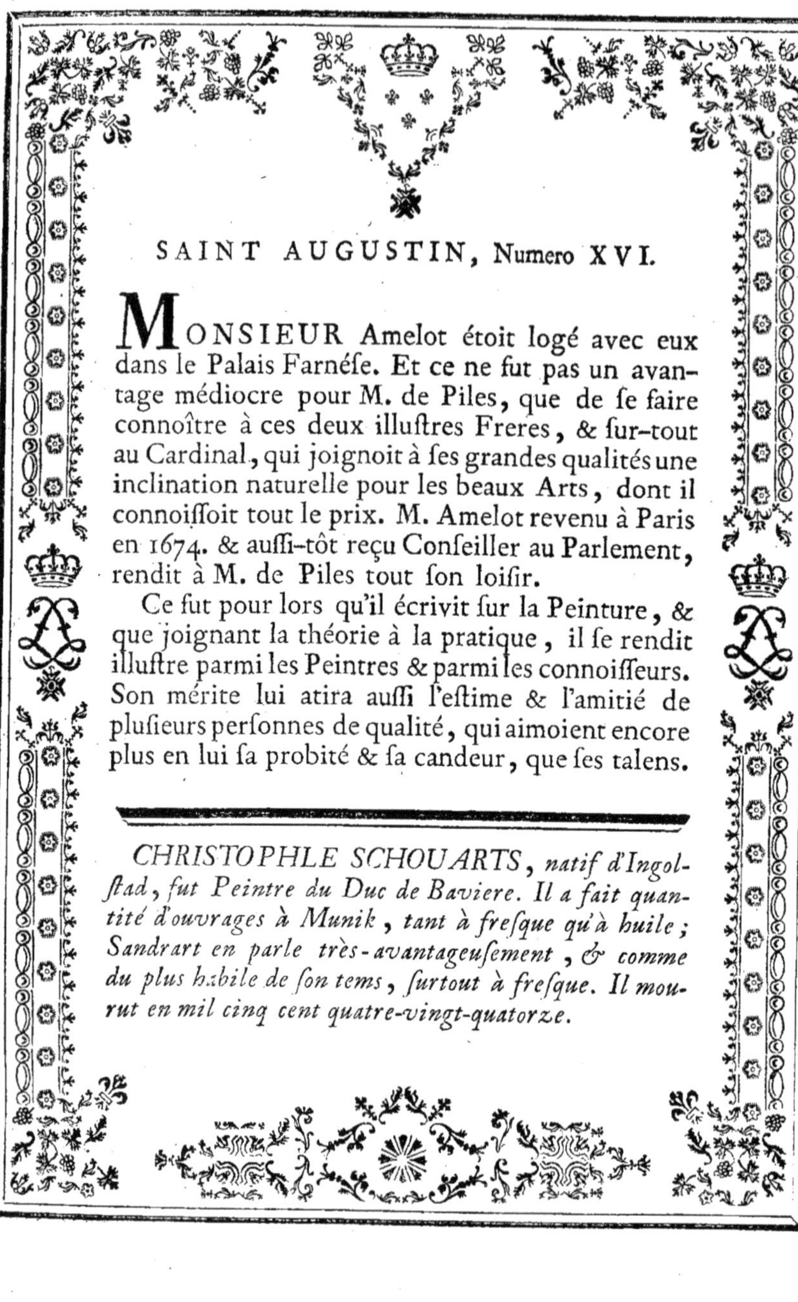

SAINT AUGUSTIN, Numero XVI.

MONSIEUR Amelot étoit logé avec eux dans le Palais Farnéfe. Et ce ne fut pas un avantage médiocre pour M. de Piles, que de fe faire connoître à ces deux illuftres Freres, & fur-tout au Cardinal, qui joignoit à fes grandes qualités une inclination naturelle pour les beaux Arts, dont il connoiffoit tout le prix. M. Amelot revenu à Paris en 1674. & auffi-tôt reçu Confeiller au Parlement, rendit à M. de Piles tout fon loifir.

Ce fut pour lors qu'il écrivit fur la Peinture, & que joignant la théorie à la pratique, il fe rendit illuftre parmi les Peintres & parmi les connoiffeurs. Son mérite lui atira auffi l'eftime & l'amitié de plufieurs perfonnes de qualité, qui aimoient encore plus en lui fa probité & fa candeur, que fes talens.

CHRISTOPHLE SCHOUARTS, natif d'Ingolftad, fut Peintre du Duc de Baviere. Il a fait quantité d'ouvrages à Munik, tant à frefque qu'à huile; Sandrart en parle très-avantageufement, & comme du plus habile de fon tems, furtout à frefque. Il mourut en mil cinq cent quatre-vingt-quatorze.

ET ancien Préſident du grand Conſeil, en le lui propoſant pour l'éducation de ſon fils qui avoit ſept ans. Un homme ſage eſt bien heureux quand il donne ſes ſoins à un enfant dont le naturel ſe porte de lui-même à la vertu. C'eſt ce qui rendit ſi agréable à M. de Piles un emploi que les autres trouvent ſi rude. Il entra donc chez M. le Préſident Amelot en 1662. & demeura auprès de ſon fils pendant tout le cours de ſes études, qui fut d'environ neuf ans. Il voïoit avec raviſſement le ſuccès de ſes ſoins, qui d'ailleurs ont été la ſource de ſa fortune, & de la grande conſidération qu'il a eûe depuis dans le monde. Il a toujours conſervé un attachement véritable pour toute la maiſon de Meſſieurs Amelot, & il en a toujours été traité avec beaucoup d'amitié & de diſtinction : M. le Préſident, pere de ſon éleve, avoit ſolidement travaillé à lui faire un établiſſement. Et après ſa mort, qui arriva en 1671, Madame la Préſidente Amelot continua toujours d'avoir chez elle M. de Piles, & pour reconnoître ſes ſervices, elle lui donna un fonds conſidérable, qui placé ſur l'Hôtel de Ville de Lyon, pouvoit le mettre à ſon aiſe le reſte de ſa vie.

Au commencement de l'année 1673. M. Amelot qui avoit alors dix-huit ans, & qui venoit de finir ſon Droit, alla en Languedoc avec ſon oncle l'Evêque de Lavaur, celui qui depuis fut Archevêque de Tours.

NICOLAS LOIR

DE Paris, fils d'un habile Orfévre, ne manquoit pas de génie pour inventer, ni de feu pour exécuter. Il n'y avoit néanmoins rien en cela qui paſſât le Peintre ordinaire. On n'y remarque, ni fineſſe de penſée, ni caractere particulier qui eût quelque élévation. Il avoit un bon Goût de deſſein, de la propreté & de la facilité dans ce qu'il faiſoit ; & ſans ſe donner le tems de digerer ſes penſées, à peine les avoit-il produites qu'il exécutoit, ſouvent même en diſcourant avec le monde, par la grande habitude qu'il s'étoit acquiſe, & par l'heureuſe mémoire des choſes qu'il avoit vûes en Italie. Il ne demeuroit court ſur aucun ſujet, & faiſoit également bien les Figures.

AVEC des dépêches de conséquences, il revint par Madrid ; & comme rien ne le preſſoit, il y demeura huit jours pour voir les magnifiques Tableaux du Roi d'Eſpagne, tant au Palais de Madrid, qu'à l'Eſcurial. Le Marquis de Falquiere qui étoit alors Ambaſſadeur du Roi en Eſpagne, fit à M. de Piles tout l'acueil que méritoit la place qu'il occupoit, & la réputation qu'il avoit de vertu, d'eſprit & d'intelligence.

M. de Piles ne pouvoit quitter M. Amelot. Il le ſuivit dans l'ambaſſade de Suiſſe en mille six cent quatre-vingt-neuf, il y ſigna le Traité de paix, neutralité, que M. Amelot avoit conclue avec les Cantons ; & parce que ce traité étoit très-agréable au Roi, M. Amelot, pour donner une marque de diſtinction à M. de Piles, le chargea de le porter à Sa Majeſté.

Horace Vecelli, faiſoit des Portraits dans la maniere de ſon Pere. Il n'a fait que peu d'autres Ouvrages, car la Chimie l'occupoit plus que la Peinture. Il mourut de la Peſte à la fleur de ſon âge, la même année que ſon Pere, qui fut celle de mil cinq cent ſoixante-ſeize.

ÉCRIVIT à M. Amelot de difpofer M. de Piles à aller en Allemagne voir les riches Cabinets que l'on difoit y être en grand nombre , fur-tout à Gratz , afin d'y achetter des Tableaux pour le Roi. Mais il ordonna en même tems à M. de Piles de paffer à Vienne , où le Marquis de Chiverny étoit alors Envoïé extraordinaire du Roi ; & de s'informer exactement de la fituation des affaires. M. de Piles aïant exécuté avec tout le foin poffible cette commiffion , revint à Paris en rendre compte au Miniftre , & rejoindre M. Amelot qui partit en 1685. pour Lifbonne , où il l'accompagna en la même qualité qu'il avoit eue auprès de lui à Venife. Comme on avoit parlé de marier M. le Prince de Conti le dernier mort , qui étoit alors Prince de la Roche-fur-Yon, avec l'Infante de Portugal, fille du premier lit du feu Roi Pierre II.

Homtorst , d'Utrecht , né en mil cinq cent quatre-vingt douze, paffoit pour un des premiers Peintres de fon tems. Il a été difciple de Blomart. Il alla enfuite à Rome , où après fes études de deffein , il s'exerca à faire des fujets de nuit avec tant d'application & de fuccès, que perfonne jufqu'ici ne les a mieux repréfentés. Etant de retour à Utrecht , il fit plufieurs Tableaux d'Histoire. Il étoit fi reglé dans fes mœurs , & fi honnête dans fes manieres , qu'il s'étoit attiré la plûpart des enfans de qualité d'Anvers , qui alloient apprendre à deffiner chez lui. Il montra auffi à deffiner & à peindre aux enfans de la Reine de Bohéme , Sœur de Charles Roi d'Angleterre , c'eft-à-dire , à deux fils : fçavoir, le Prince Palatin , & le Prince Robert , & à quatre filles.

Le Verbe étoit dès le commencement, & le Verbe étoit en Dieu , & le Verbe étoit Dieu , & il étoit dès le commencement dans Dieu. Toutes chofes ont été faites par lui & rien n'a été fait fans lui , & la vie étoit la lumiere des hommes : cette lumiere luit dans les tenebres & les tenebres ne l'ont point comprife. Il y eut un homme appellé Jean envoyé de Dieu : celui-là vint être témoin , pour rendre témoignage de la lumiere afin que tous cruffent par fon moyen. Mais encore qu'il rendît témoinage de la lumiere il n'étoit pas pourtant lui-même la lumiere. La lumiere véritable étoit celle qui éclaire tout homme venant en ce monde, il étoit dans le monde & le monde a été fait par lui, & le monde ne l'a point connu.

HORACE VECELLI

Fils du Titien,

Faifoit des Portraits dans la maniere de fon Pere . Il n'a fait que peu d'autres Ouvrages, car la Chimie l'occupoit plus que la Peinture . Il mourut de la Pefte á la flleur de fon âge, la même anée que fon Pere, qui fut celle de mil cinq cens foixante et fixe

PETIT PARANGON. N. XXI.

JEAN DE MABUSE,

NAtif d'un village de Hongrie appellé Mabuſe, étoit contemporain de Lucas de Leyde. Après avoir beaucoup travaillé dans ſa jeuneſſe, & voyagé en Italie & ailleurs, il vint en Flandre, où il fit connoître le premier la maniére de compoſer les Hiſtoires & d'y faire entrer du nud, ce qui ne s'y étoit point pratiqué juſqu'alors. On voit de ſes Ouvrages en pluſieurs lieux des Païs-bas, & en Angleterre. Il fut fort ſage & fort ſtudieux dans ſa jeuneſſe, mais dans la ſuite il s'adonna au vin.

Il a été aſſez long-temps au ſervice du Marquis de Verens, qui étant averti que l'Empereur Charles-Quint devoit loger chez lui.

GERARD SEGRE,

D'Anvers, alla à Rome, & après y avoir étudié quelque tems les principes de son art, il se jetta entierement dans la maniere de Manfrede : il l'a suivie très-long-tems & a dans la suite enrichi, pour ainsi dire, sur la force & sur l'union des couleurs de ce Peintre, comme on le peut voir par les ouvrages qu'il a faits à Anvers : mais la maniere de Rubens & celle de Vandyk s'étant emparées de l'approbation universelle ; Segre fut contraint de changer la sienne pour vendre ses Tableaux, en quoi il reussit fort bien, ayant l'esprit bon & flexible ; & étant d'ailleurs solidement fondé dans les regles de son art. Il est mort à Anvers en 1651. & a laissé un fils qui a suivi la même profession.

PETIT PARANGON. N. XXIII.

ANTOINE VANDEIK

NÉ à *Anvers* en mil cinq cent quatre-
vingt dix-neuf, a eu le plus heureux *Pinceau*
qui ait paru jusqu'ici, si l'on en excepte celui
du *Correge*, qui seul peut lui disputer. *Van-
deik* a été premierement disciple de *Jean Bale*,
puis de *Rubens*, qu'il aida dans ses ouvrages
les plus considerables : il alla en *Italie*, & fut
peu de tems à *Rome* : il s'arrêta davantage à
Venise, où il écréma, pour ainsi dire, le *Ti-
tien* & toute son *Ecole*, pour fortifier sa maniere. Il en donna des preuves dans la *Ville* de
Gennes où il fit quantité de beaux *Portraits*,
& où ses ouvrages triompherent d'une cabale
de jaloux qui s'étoient élevés contre lui.

A son retour en *Flandre* il fit plusieurs
Tableaux d'histoire qui rendirent son nom ce-
lebre de toutes parts : mais comme il previt qu'il
seroit beaucoup plus emploïé dans les *Cours*
des *Princes* à faire des *Portraits*, & que ce

AUTRE PETIT PARANGON UN PEU PLUS GROS ŒIL, Numero XXIV.

Guillaume Kay, de Breda, avoit étudié à Liege avec Franc Flore, fous Lambert Lombard. Sandrart après l'avoir loué comme un habile Peintre, en fait l'éloge comme d'un très-honnête homme : il demeuroit à Anvers, où il vivoit d'une maniere magnifique en toutes chofes ; il a fait un grand nombre de Portraits peu inferieurs à ceux d'Antoine More.

Un jour qu'il faifoit le Portrait du Duc d'Albe, & qu'il avoit feint qu'il n'entendoit pas l'Efpagnol, un Officier de la Juftice criminelle vint demander à ce Duc fes ordres touchant le Comte d'Egmont, à quoi il répondit qu'on l'exécutât fans perdre de tems. Cet ordre fit tant d'impreffion fur l'efprit du Peintre, qui aimoit la Nobleffe de fon Païs, qu'étant retourné chez lui, il tomba malade, & en mourut en mil cinq cent foixante-neuf.

GROS PARANGON

L'Ecriture nous dit que la parole de Dieu est une semence, elle tombe sur le cœur de David, elle le trouve adultere & homicide, & elle en fait un hmme contrit & pénitent Elle tombe dans lecœur de la Pécheresse elle trouve une Idole du péché, un monstre d'iniquité, & elle en fait un modéle de vertu, un prodige d'amour; elle tombe dans le cœur de Mathieu, elle trouven un Publicain, un Usurier, elle en fait un Apôtre & un Evengeliste.

ITALIQUE DE PARANGON

elle tombe daus le cœur de Paule, elle trouve un persécuteur & elle eu fait un Diciple. Si cette femece tomboit sur le des Sçavanes, des Philosphes, & des sages du monde.

DAns les attitudes la Pondération & le Contraſte ſont fondés dans la Nature. Elle ne fait aucune action qu'elle ne faſſe voir ces deux parties ; & ſi elle y manquoit, elle ſeroit, ou privée de mouvement, ou contrainte dans ſon action : quant aux expreſſions, c'eſt la pierre fondamentale des Peintres.

Cette perfection dans la peinture eſt admirable.

La vertu eſt le bien le plus précieux que doit poſſeder l'homme, auſſi n'eſt pas homme qui eſt ſans vertu.

L'Homme ſe plaint toujours quand il lui arrive quelqu'infortune, il en accuse le ſort, mais lorsqu'il prospere il en attribue à lui ſeul toute la gloire.

Heureux ceux à qui Dieu met dans le cœur un defir fincere de fe fauver ! Difons, comme Saint Do-fitée : Je veux me fauver ; mais difons - le fincerement.

Seigneur , foiez le Sauveur & le Libérateur de ma volonté , & e-xercez fur elle la toute puiffance de votre main libératrice.

Varin Peintre, natif d'Amiens peignoit à Paris avec assés de suc-cès ; & c'est de sa main que nous avons le tableau du grand Autel de l'Eglise des Carmes Déchaussés près le palais Luxembourg. Il est d'autant plus raisonnable d'en faire mention, qu'il a aidé le Poussin.

GROS DOUBLE CANON, Numero XXXI.

Humblement prosterné à vos pieds, ô très-doux Jesus, je désire les arroser de mes larmes, pénétré du déplaisir de mes péchez. Ayez pitié de cette pauvre & vile créature.

FRANÇOIS VANIUS, de Sienne a été Disciple du Baroche sans lui être inferieur. Il avoit un talent extraordinaire pour les sujets de dévotion. Il est mort âgé de quarante-sept ans.

IRLANDOIS

abbcdefjlmnopprtu ACCDEjjlmn NOPLRYSTU
āēḃċċċḋḟẏġïṁṅḃṗ ŕƴʼnŕŕŕŵŵ ṁ ṁ ṗ N OC
ACDEjjlplPRSTu abbcdefjlmnoprtuƴʒŕṗ ʒóï ŕ
ŕḃṅṫċáēóŕ

HEBREU

רהֹסֹחֹמֹטֹדֹךֹגֹפֹאֹ שֹׁבֹּמֹלֹ׃דֹףֹץֹ זקעצנפשרמםס ־־ ׃ ׃ יחטזדונגבתכאה
סטֹדֹךֹגֹפֹאֹשֹׁבֹּמֹלֹ׃דֹףֹץֹקעצנפשרמםסיחטזדונגבתכאה ־־ ׃ ׃ צֹאֹזֹיֹוֹבֹּלֹעֹןֹ
חֹכֹתֹבֹגֹנֹוֹדֹזֹ עֹןֹלֹבֹּוֹיֹזֹאֹצֹ

GREC DE CICERO.

αβεſꜿⴖꝺⴖεθιϰλμγοϖῤρτϞπυφχωϑ℥ꝺℭℳλϙϥↄ ΑΒΓΔΕΖΗΘΙΚΛΜΝΞΟΠΡΣ
αφχγεειϛπυοϖϰϭστυωϰμηβεſℓλθᵘπϼρſϛϛↄℭϑ λϭϭϭϭϭϭϭϭϭϭϭϭϭϭϭϭϭϭϭϭϭϭϭϭϭϭϭϭϭ

ΑΒΓΔΕΖΗΘΙΚΜΛΝΞΟΠΡΣ
ΤΥΤΥΦΦΧΧΨΨΩΩ

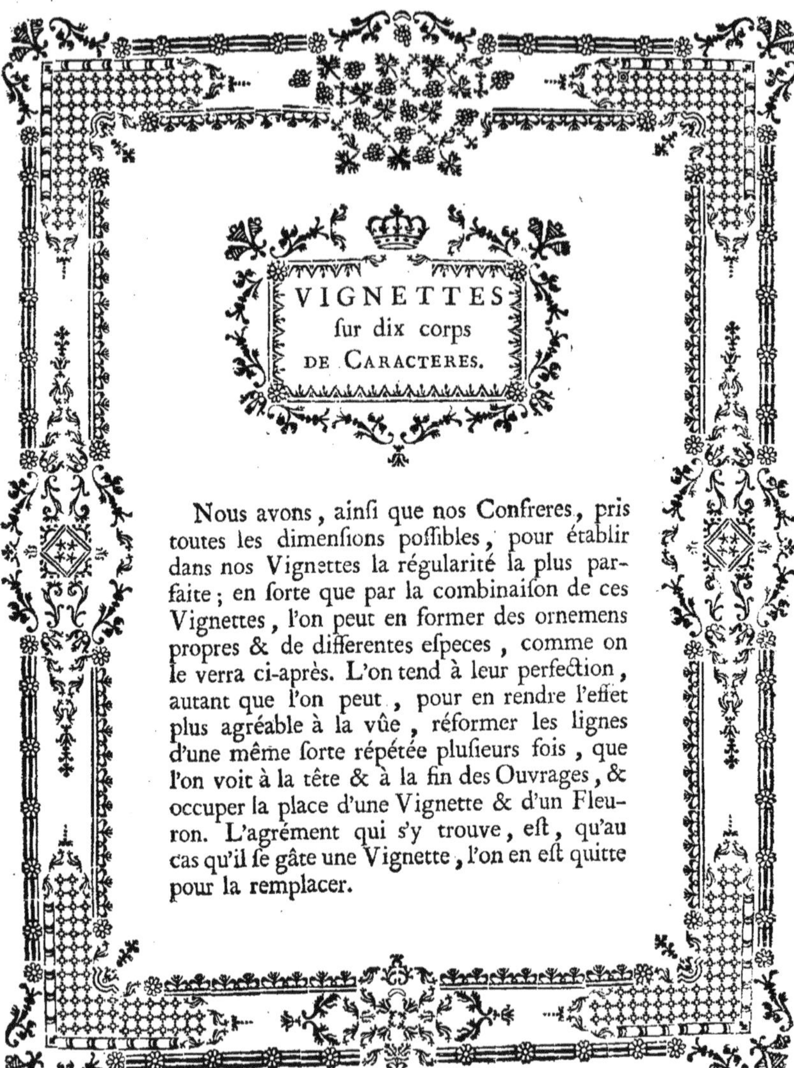

Nous avons, ainſi que nos Confreres, pris toutes les dimenſions poſſibles, pour établir dans nos Vignettes la régularité la plus parfaite ; en ſorte que par la combinaiſon de ces Vignettes, l'on peut en former des ornemens propres & de differentes eſpeces, comme on le verra ci-après. L'on tend à leur perfection, autant que l'on peut, pour en rendre l'effet plus agréable à la vûe, réformer les lignes d'une même ſorte répétée pluſieurs fois, que l'on voit à la tête & à la fin des Ouvrages, & occuper la place d'une Vignette & d'un Fleuron. L'agrément qui s'y trouve, eſt, qu'au cas qu'il ſe gâte une Vignette, l'on en eſt quitte pour la remplacer.

H

Lettres de deux points afforties, accens & ponctuations.
ÇEÆŒW.';:-

DEUX CANON.

PETIT CANON,

GROS PARANGON.

PETIT PARANGON.

PETIT PARANGON.

DEUX POINTS DE GROS ROMAIN,

A

DEUX POINTS DE SAINT AUGUSTIN,

SAINT AUGUSTIN,

DEUX POINTS DE CICERO,

DEUX POINTS DE CICERO,

DEUX POINTS DE PETIT ROMAIN ROMAIN,

DEUX POINTS DE PETIT ROMAIN.

DEUX POINTS DE PETIT TEXTE,

DEUX POINTS DE PETIT TEXTE

DEUX POINTS DE NOMPAREILLE ROMAIN,

DEUX POINTS DE NOMPAREILLE.

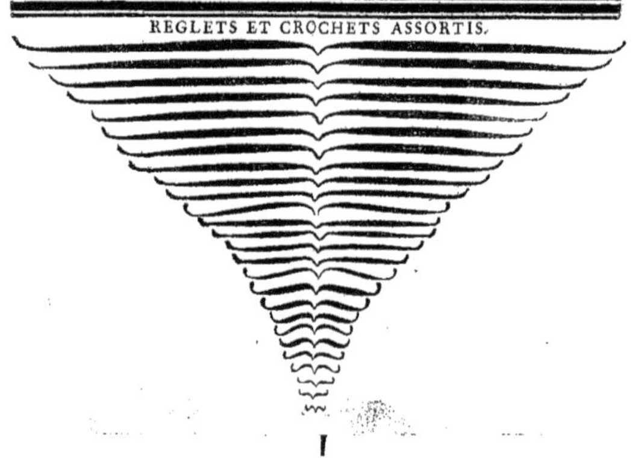

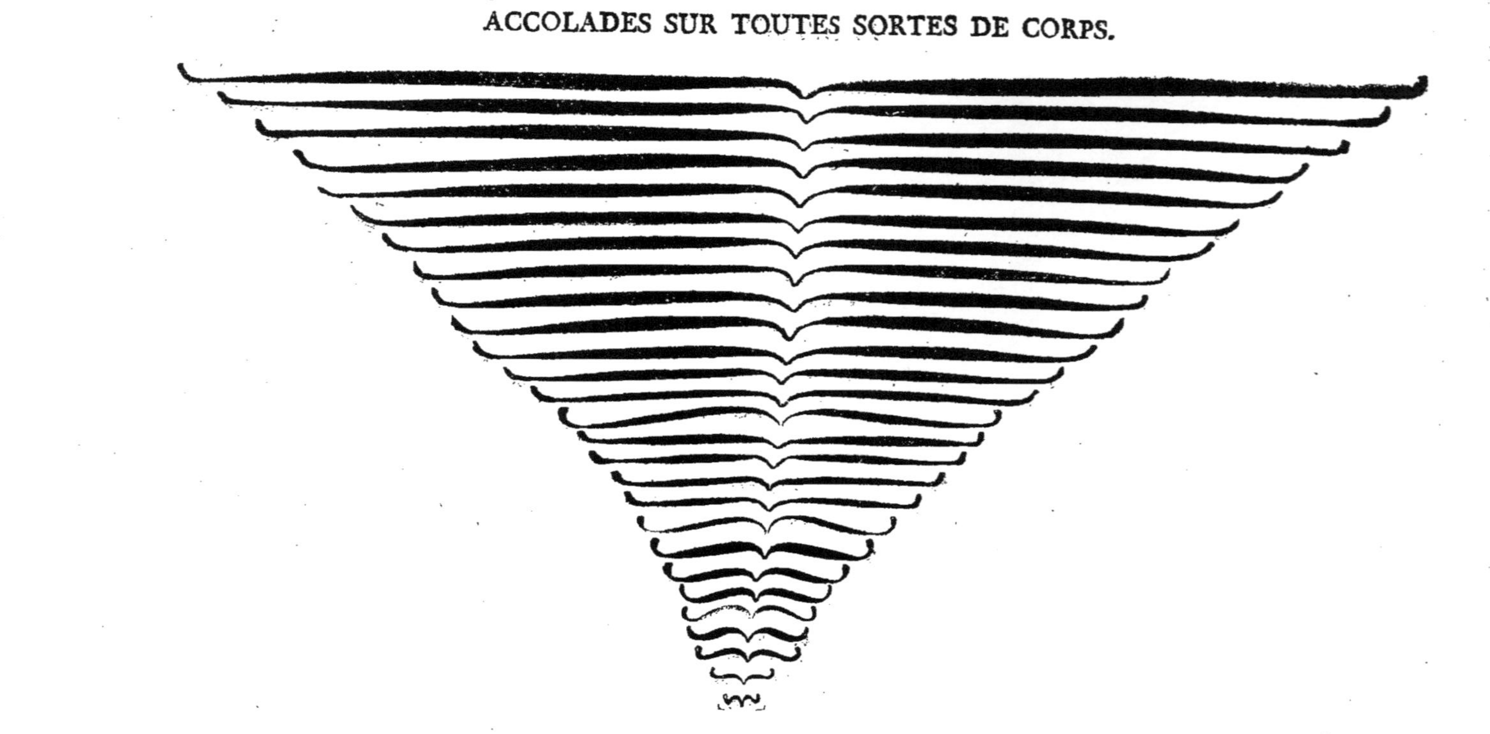
ACCOLADES SUR TOUTES SORTES DE CORPS.

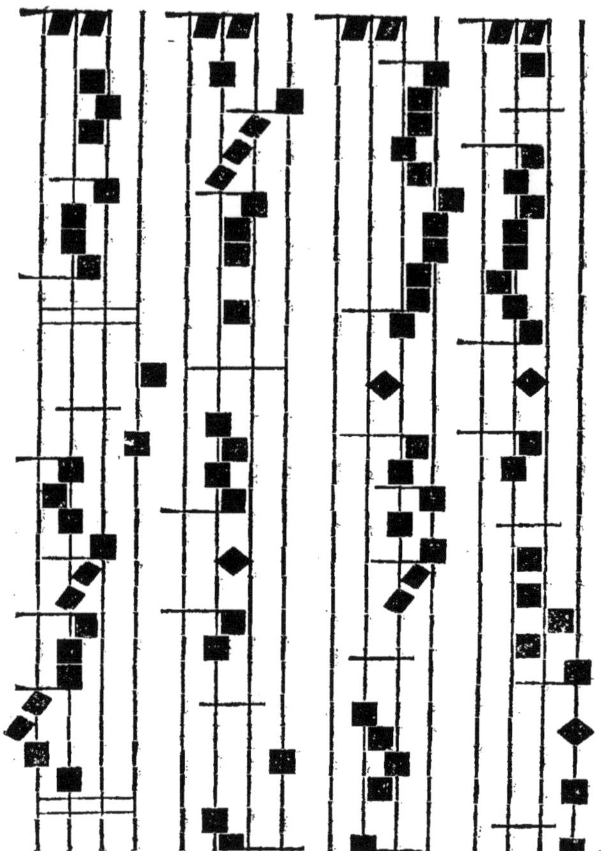

QUATRE POINTS DE GROS ROMAIN.

F Actum est, dum pertransi-ret
u-niver-sos, inve-nit ho-minem jacen-
tem in graba- to, * Et a- it il-
li ; Sanat te Do-minus Jesus Chri-
stus. Surge ; & † Continuo sur- re- xit
℣ Nullo si-bi auxi- lium ferente,
jacebat mu- tus, atpue omni spe

DEUX POINTS DE CICERO.

DEUX POINTS PETIT ROMAIN.

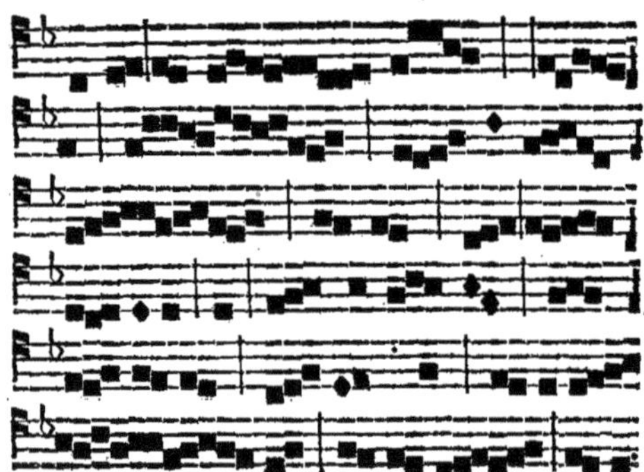

Nota. Quoique nous ne donnons ici pour exemple que ces ſortes de Nottes, nous en avons depuis les quatre points de Parangon, juſques & compris les deux points de Petit Romain, tant rouge & noir, que tout noir.

Nous avons, ainſi que nos Confreres, pris toutes les dimenſions poſſibles, pour établir dans nos Vignettes la régularité la plus parfaite ; en ſorte que par la combinaiſon de ces Vignettes, l'on peut en former des ornemens propres & de differentes eſpeces, comme on le verra ci-après. L'on tend à leur perfection, autant que l'on peut, pour en rendre l'effet plus agréable à la vûe, réformer les lignes d'une même ſorte répétée pluſieurs fois, que l'on voit à la tête & à la fin des Ouvrages, & occuper la place d'une Vignette & d'un Fleuron. L'agrément qui s'y trouve, eſt, qu'au cas qu'il ſe gâte une Vignette, l'on en eſt quitte pour la remplacer.

DEUX POINTS DE PARANGON.

1

DEUX POINTS DE GROS ROMAIN.

2

3

PETIT CANON

4

PARANGON.

5

6

7

8

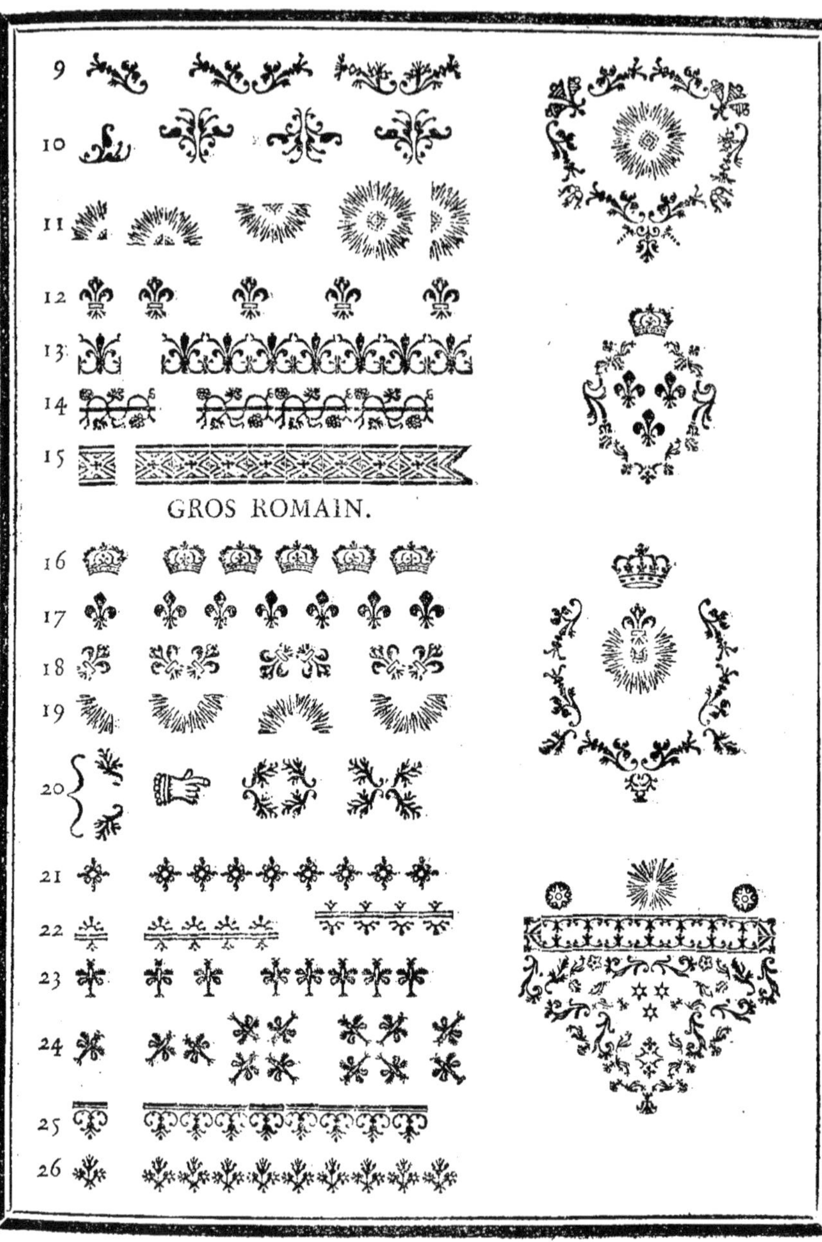

9
10
11
12
13
14
15
GROS ROMAIN.
16
17
18
19
20
21
22
23
24
25
26

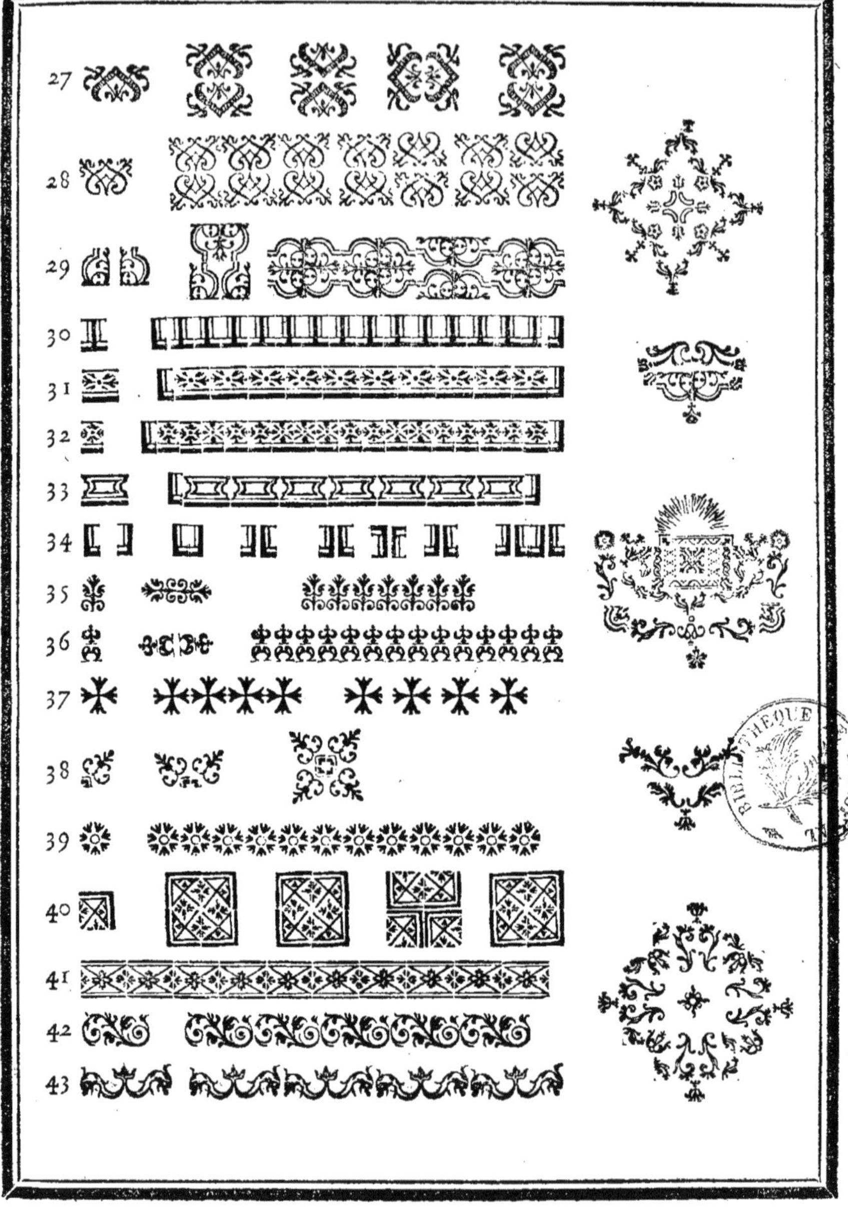

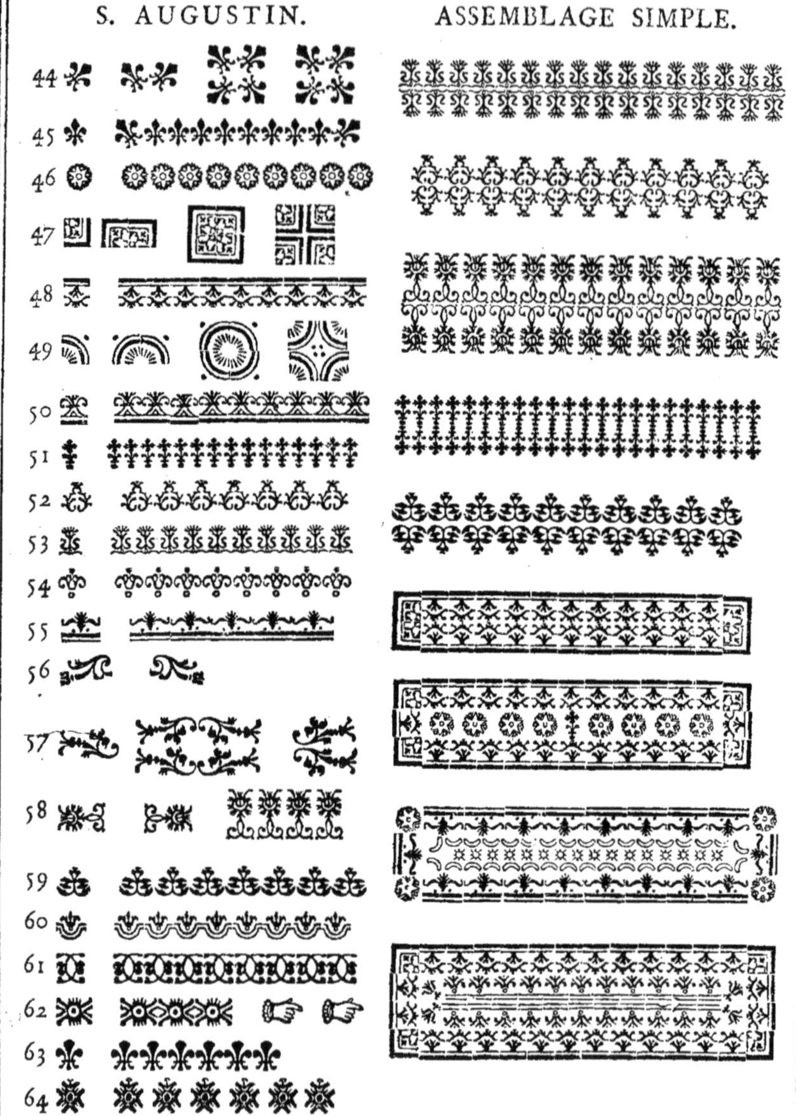

44

45

46

47

48

49

50

51

52

53

54

55

56

57

58

59

60

61

62

63

64

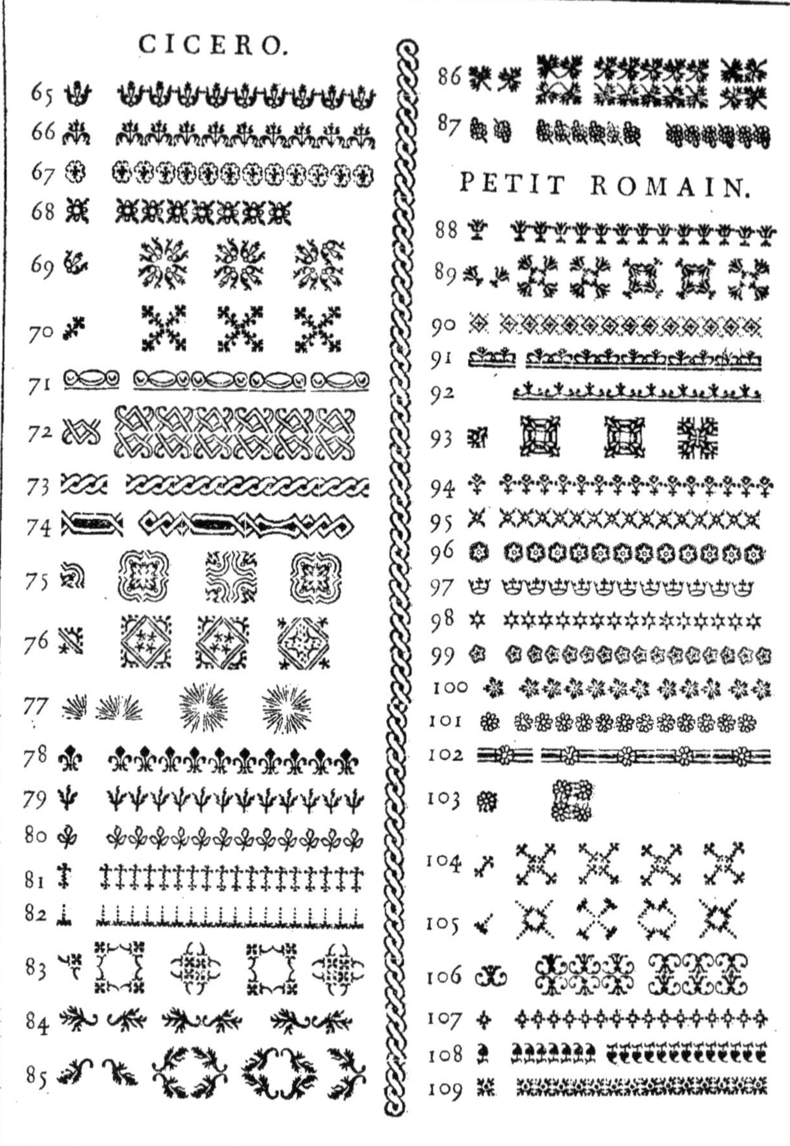

CICERO.
65
66
67
68
69
70
71
72
73
74
75
76
77
78
79
80
81
82
83
84
85
86
87
PETIT ROMAIN.
88
89
90
91
92
93
94
95
96
97
98
99
100
101
102
103
104
105
106
107
108
109

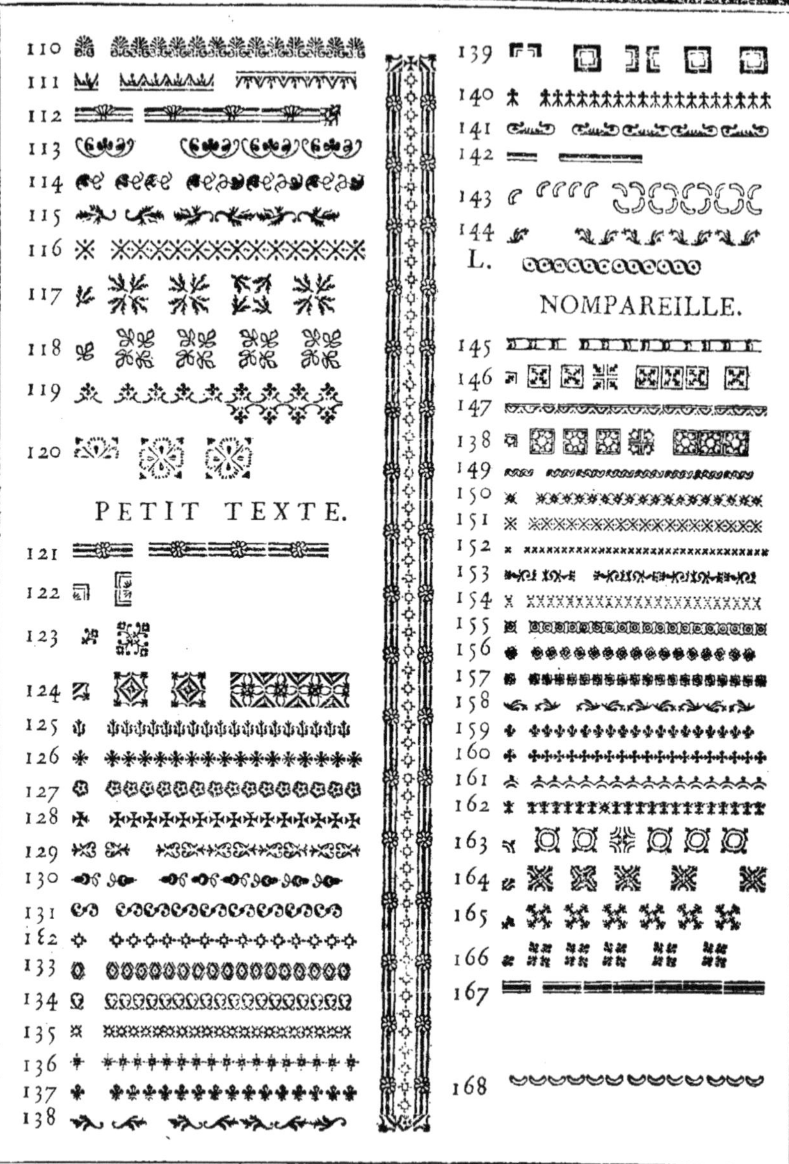

110
111
112
113
114
115
116
117
118
119
120

PETIT TEXTE.

121
122
123
124
125
126
127
128
129
130
131
132
133
134
135
136
137
138

139
140
141
142
143
144
L.

NOMPAREILLE.

145
146
147
138
149
150
151
152
153
154
155
156
157
158
159
160
161
162
163
164
165
166
167

168

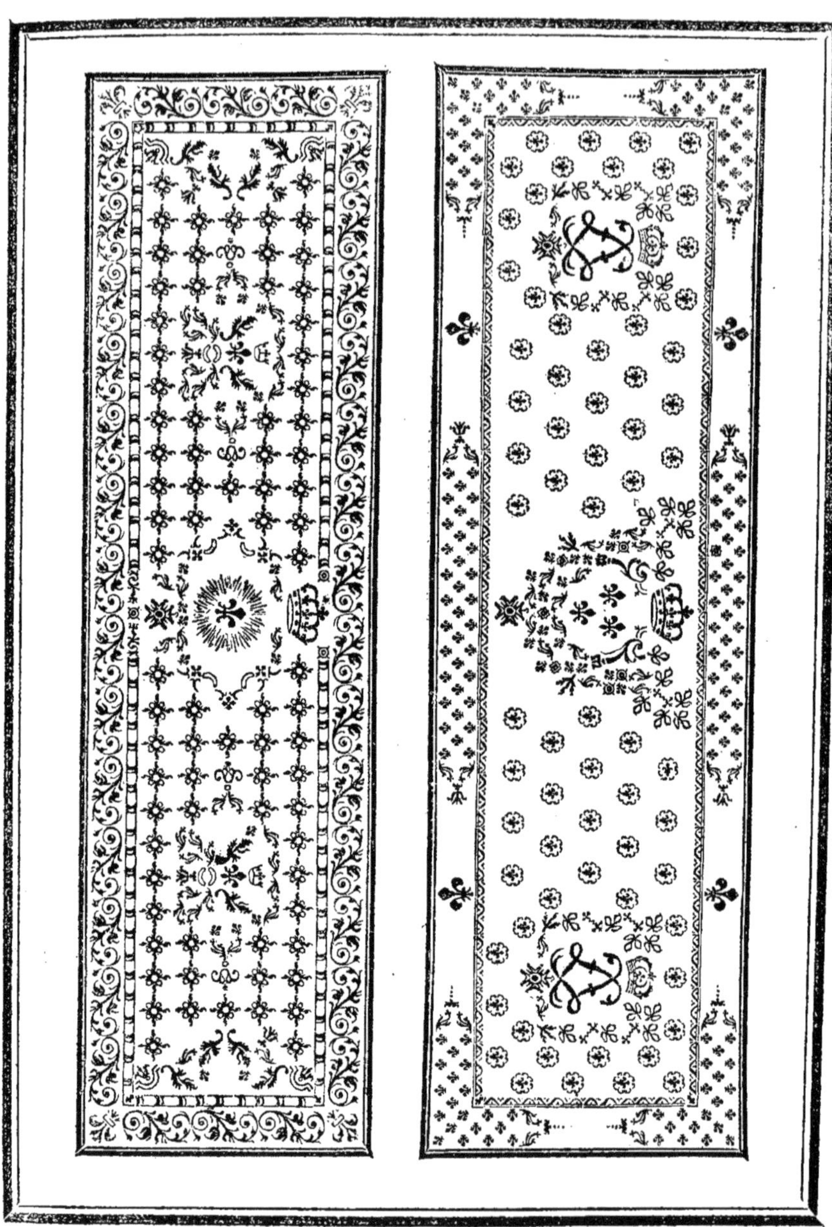

K

De la Fonderie de LOYSON & BRIQUET, 1751.

www.ingramcontent.com/pod-product-compliance
Ingram Content Group UK Ltd.
Pitfield, Milton Keynes, MK11 3LW, UK
UKHW020011100726
13658UKWH00002B/915